Paul Lafargue

La question de la femme

et autres œuvres

ISBN : 978-1519129321

10 9 8 7 6 5 4 3 2 1

Paul Lafargue

La question de la femme

et autres œuvres

Table de Matières

La question de la femme

Le bourgeois a pensé et pense encore que la femme doit rester à la maison et consacrer son activité à surveiller et diriger le ménage, à soigner le mari, à fabriquer et nourrir les enfants. Déjà, Xénophon, alors que la bourgeoisie naissait et prenait corps dans la société antique, a tracé les grandes lignes de son idéal de la femme. Mais si pendant des siècles, cet idéal a pu paraître raisonnable, parce qu'il correspondait à des conditions économiques florissantes, il n'est plus qu'une survivance idéologique, depuis que celles-ci ont cessé d'exister.

La domestication de la femme présuppose qu'elle remplit dans le ménage des fonctions multiples, absorbant toute son énergie ; or, les plus importants et les plus assujettissants de ces travaux domestiques, — filage de la laine et du lin, tricotage, taille et confection des vêtements, blanchissage, panification, etc. — sont aujourd'hui exécutés par l'industrie capitaliste. Elle présuppose également que l'homme, par son apport dotal et ses gains, pourvoit aux besoins matériels de la famille ; or, dans la bourgeoisie aisée, le mariage est autant une association de capitaux qu'une union de personnes, et souvent l'apport dotal de l'épouse est supérieur à celui de l'époux,[1]

1 La dot a joué un rôle décisif dans l'histoire de la femme : au début de la période patriarcale, le mari l'achète à son père, qui doit restituer son prix de vente, si pour une cause quelconque il la répudie et la renvoie à sa famille, puis ce prix d'achat lui est remis et constitue sa dot, que ses parents prennent l'habitude de doubler. Dès l'instant que l'épouse entre dans la maison du mari avec une dot, elle cesse d'être une esclave qu'il pouvait renvoyer, vendre et tuer. La dot, hypothéquée à Rome et à Athènes sur les biens du mari, devait, en cas de répudiation ou de divorce, lui être restituée de préférence à toute créance. «On ne jouit pas des richesses qu'une femme apporte dans le ménage, dit un fragment d'Euripide, elles ne servent qu'à rendre le divorce difficile.» Les auteurs comiques raillent les maris qui, sous le coup d'une action dotale, tombent dans la dépendance de l'épouse. Un personnage de Plaute dit à un mari qui récrimine contre sa femme : « Tu as accepté l'argent de la dot, tu as vendu ton autorité, — imperium.» Les riches matrones romaines poussaient l'insolence jusqu'à ne pas confier la gestion de leur dot au mari ; elles la donnaient à des intendants, qui parfois remplissaient auprès d'elles un autre emploi, dit Martial, cette mauvaise langue. L'adultère de la femme entraînait de droit le divorce et la restitution de la dot, mais plutôt que d'arriver à cette douloureuse extrémité, les maris préféraient fermer les yeux sur les fredaines de leurs épouses : la loi dut,

et dans la petite bourgeoisie, les gains du père de famille sont tombés si bas, que les enfants, — les filles comme les garçons — sont forcés de gagner leurs moyens d'existence dans le commerce, les administrations des chemins de fer, des banques, l'enseignement, les postes, etc., et il arrive fréquemment que la jeune mariée continue à travailler au dehors, afin de compléter les ressources du ménage, dont les appointements du mari n'arrivent pas à couvrir les dépenses.

Les filles et les femmes de la petite bourgeoisie, ainsi que celles de la classe ouvrière, entrent donc en concurrence avec leurs père, frères et mari. Cet antagonisme économique, que la bourgeoisie avait empêché de se produire par la claustration de la femme dans la demeure familiale, se généralise et s'intensifie à mesure que la production capitaliste se développe ; il envahit le champ des professions libérales — médecine, barreau, littérature, journalisme, sciences, etc., — dont l'homme s'était réservé le monopole, qu'il s'imaginait devoir être éternel. Les ouvriers, comme toujours, ont été les premiers à tirer les conséquences logiques de la participation de la femme à la production sociale, ils ont remplacé l'idéal de l'artisan, — la femme exclusivement ménagère, — par un nouvel idéal, — la femme, compagne de leurs luttes économiques et politiques pour le relèvement des salaires et l'émancipation du travail.

La bourgeoisie n'est pas encore parvenue à comprendre, que depuis longtemps son idéal est démodé et qu'elle doit le remodeler <u>pour le faire correspondre aux nouvelles conditions du milieu so-</u>

à Rome et à Athènes, les frapper pour les rappeler à la dignité maritale ; en Chine, on leur applique un certain nombre de coups de bambou sur la plante des pieds. Les pénalités ne suffisent pas pour encourager les Romains à répudier leurs femmes adultères : la loi, afin de relever la vertu masculine, permit à ceux qui dénonçaient l'infidélité de leur femme de retenir une partie de la dot : il y eut alors des hommes qui ne se mariaient qu'en prévision de l'adultère de leur épouse. Les dames romaines tournèrent la loi en se faisant inscrire chez le censeur sur la liste des prostituées, à qui elle ne s'appliquait pas. Le nombre des matrones inscrites devint si considérable que le Sénat, sous Tibère, rendit un décret interdisant «aux dames qui avaient un chevalier pour aïeul, père ou mari, de faire trafic de leur corps». (Tacite : Annales, II, 85.) L'adultère féminin, dans la société patricienne de l'antiquité ainsi que dans la société aristocratique du XVIIIᵉ siècle, s'était tellement généralisé qu'il était pour ainsi dire entré dans les mœurs, et on l'envisageait plaisamment, comme un correctif et un complément du mariage.

cial ; cependant dès la première moitié du XIX° siècle, les dames de la bourgeoisie commencèrent à protester contre leur infériorisation familiale, d'autant plus intolérable que l'apport dotal les plaçait sur un pied d'égalité avec le mari : elles s'insurgèrent contre l'esclavage domestique et la vie parcimonieuse à laquelle on les condamnait, ainsi que contre la privation des jouissances intellectuelles et matérielles qu'on leur imposait ; les plus hardies allèrent jusqu'à réclamer l'amour libre et à s'affilier aux sectes socialistes qui prêchaient l'émancipation de la femme.[1] Les philosophes et les moralistes eurent la naïveté de croire qu'ils arrêteraient le mouvement féministe en lui opposant l'intérêt sacré de la famille, qu'ils déclaraient ne pouvoir subsister sans l'assujettissement de la femme aux travaux du ménage, à la pose des boutons de chemise, au raccommodage des chaussettes. etc., elle devait se dévouer à ces obscures et ingrates besognes, pour que l'homme pût librement déployer et parader ses brillantes et supérieures facultés ; ces mêmes sages, qui sermonnaient les bourgeoises révoltées sur le culte de la famille, chantaient les louanges de l'industrie capitaliste, qui en arrachant la femme au foyer domestique et au berceau de l'enfant pour lui infliger les travaux forcés de la fabrique, détruit la famille ouvrière.

Les dames bourgeoises se moquèrent des prédications aussi imbéciles que morales de ces graves Tartufes, elles continuèrent leur chemin et arrivèrent au but qu'elles se proposaient ; ainsi que la patricienne de la Rome antique et que l'aristocrate du XVIII° siècle, elles se sont débarrassées des soucis du ménage et de l'allaitement de l'enfant sur des mercenaires, pour se consacrer tout entières à la toilette, afin d'être les poupées les plus luxueusement parées du monde capitaliste et afin de faire aller le commerce. Les demoiselles et les dames de la ploutocratie américaine ont atteint les dernières limites de cette sorte d'émancipation, elles métamorphosent leurs père et mari en accumulateurs de millions, qu'elles gaspillent follement. La toilette n'épuisant pas toute l'activité des madames du capitalisme, elles s'amusent à cribler de coups de canifs le contrat de mariage, afin d'affirmer leur indépendance et de perfectionner

---

1 Le manifeste saint-simonien de 1830 annonçait que la religion de Saint-Simon venait «mettre fin à ce trafic honteux, à cette prostitution légale. qui sous le nom de mariage consacre fréquemment l'union monstrueuse du dévouement et de l'égoïsme, de la lumière et de l'ignorance, de la jeunesse et de la décrépitude».

Paul Lafargue

la race. Le Manifeste communiste remarque que les innombrables procès en adultère et en séparation de corps et de biens sont d'incontestables témoignages du respect qu'inspirent aux bourgeois des deux sexes les liens sacrés du mariage que les licencieux socialistes parlaient de délier.

Quand les filles et les femmes de la petite bourgeoisie, obligées de gagner leur subsistance et d'accroître les ressources de la famille, commencèrent à envahir les magasins, les administrations, les postes et les professions libérales, les bourgeois furent pris d'inquiétude pour leurs moyens d'existence déjà si réduits ; la concurrence féminine allait les réduire encore. Les intellectuels, qui entreprirent la défense des mâles, crurent prudent de ne pas recommencer les sermons des moralistes, ils avaient trop piteusement échoué, auprès des bourgeoises riches ; ils firent appel à la science, ils démontrèrent par raisons irréfutables et supérieurement scientifiques que la femme ne peut sortir des occupations ménagères, sans violer les lois de la nature et de l'histoire. Ils prouvèrent à leur complète satisfaction que la femme est un être inférieur, incapable de recevoir une culture intellectuelle supérieure et de fournir la somme d'attention, d'énergie et d'agilité que réclament les professions dans lesquelles elle entrait en concurrence avec l'homme. Son cerveau, moins volumineux, moins lourd et moins complexe que celui de l'homme est un «cerveau d'enfant» ; ses muscles moins développés n'ont pas de forces d'attaque et de résistance, les os de son avant-bras, de son bassin, le col de son fémur, enfin tout son système osseux, musculaire et nerveux ne lui permettent que le train-train de la maison. La nature la désignait par tous ses organes pour être la servante de l'homme, comme le vilain Dieu des Juifs et des chrétiens avait marqué par sa malédiction la race de Cham pour l'esclavage.

L'histoire apportait son éclatante confirmation à ces vérités ultra-scientifiques ; les philosophes et les historiens affirmaient qu'elle enseigne que toujours et partout la femme subordonnée à l'homme avait été enfermée dans la maison, dans le gynécée : si tel avait été son sort dans le passé, telle devait être sa destinée dans l'avenir, déclarait positivement Auguste Comte, le profondissime philosophe bourgeois.

Lombroso, le farceur illustre, lui allongea le coup de pied de l'âne ;

il assura sérieusement que la statistique sociale proclamait l'infériorité de la femme, puisque le nombre des criminels féminins est inférieur à celui des criminels masculins ; pendant qu'il était plongé dans les chiffres, il aurait pu ajouter que la statistique de la folie constate la même infériorité. Ainsi donc morale, anatomie, physiologie, statistique sociale et histoire rivent pour toujours la femme à la servitude domestique.

La production capitaliste qui se charge de la plupart des travaux auxquels se consacrait la femme dans la maison familiale, a incorporé dans son armée de salariés de la fabrique, du magasin, du bureau et de l'enseignement les femmes et les filles de la classe ouvrière et de la petite bourgeoisie, afin de se procurer du travail à bon marché. Son pressant besoin de capacités intellectuelles a fait mettre de côté le vénérable et vénéré axiome de la morale masculine : lire, écrire et compter doit être tout le savoir de la femme ; il a exigé qu'on enseignât aux filles comme aux garçons les rudiments des sciences. Le premier pas était fait, on ne put leur interdire l'entrée des universités. Elles prouvèrent que le cerveau féminin que les intellectuels avaient déclaré «un cerveau d'enfant», était aussi capable que le cerveau masculin de recevoir tout l'enseignement scientifique. Les sciences abstraites (mathématique, géométrie, mécanique, etc.), les premières dont l'étude avait été accessible aux femmes, furent aussi les premières où elles purent donner la mesure de leurs capacités intellectuelles ; elles s'attaquent maintenant aux sciences expérimentales (physiologie, physique, chimie, mécanique appliquée, etc.) et en Amérique et en Europe surgit une légion de femmes qui marchent de pair avec les hommes, malgré l'infériorité des conditions de développement physique et moral dans lesquelles elles vivent dès la première enfance.

Le capitalisme n'a pas arraché la femme au foyer domestique et ne l'a pas lancée dans la production sociale pour l'émanciper, mais pour l'exploiter encore plus férocement que l'homme ; aussi s'est-on bien gardé de renverser les barrières économiques, juridiques, politiques et morales, qu'on avait dressées pour la cloîtrer dans la demeure maritale. La femme, exploitée par le Capital, supporte les misères du travailleur libre et porte en plus ses chaînes du passé. Sa misère économique est aggravée ; au lieu d'être nourrie par le père ou le mari dont elle continue à subir la loi, elle doit gagner ses moyens d'existence, et sous prétexte qu'elle a moins de besoins que l'homme, son travail est moins rémunéré, et quand son travail quotidien dans l'atelier, le bureau ou l'école est terminé, son travail dans le ménage commence. La maternité, le travail sacré, la plus haute des fonctions sociales, devient dans la société capitaliste une cause d'horribles misères économiques et physiologiques. L'intolérable condition de la femme est un danger pour la reproduction de l'espèce.

Mais cette écrasante et douloureuse situation annonce la fin de sa servitude, qui commence avec la constitution de la propriété privée et qui ne peut prendre fin qu'avec son abolition. L'humanité civilisée, sous la pression du mode mécanique de production, s'oriente vers une société basée sur la propriété commune, dans laquelle la femme délivrée des chaînes économiques, juridiques et morales qui la ligotent, pourra développer librement ses facultés physiques et intellectuelles, comme au temps du communisme des sauvages.

Les sauvages, pour interdire la promiscuité primitive et restreindre successivement le cercle des relations sexuelles, n'ont trouvé d'autre moyen que de séparer les sexes ; l'on a des raisons pour supposer que ce furent les femmes qui prirent l'initiative de cette séparation que la spécialisation des fonctions consolida et accentua. Elle se manifesta socialement par des cérémonies religieuses et des langues secrètes particulières à chaque sexe, et même par des luttes:[1] et après avoir pris un caractère de violent antagonisme, elle aboutit au brutal asservissement de la femme, lequel subsiste encore, bien qu'il aille en s'atténuant à mesure que se généralise et s'accentue sur le terrain économique l'antagonisme des deux sexes. Mais l'antagonisme moderne n'aboutira pas à la victoire d'un sexe sur l'autre, car il est un des phénomènes de la lutte du Travail contre le Capital, qui trouvera sa solution par l'émancipation de la classe ouvrière dans laquelle les femmes comme les hommes sont incorporés.

La technique de la production qui tend à supprimer la spécialisation des métiers et des fonctions et à remplacer l'effort musculaire par l'attention et l'habileté intellectuelle et qui, plus elle se perfec-

---

1 A. W. Howit, qui a observé chez les Australiens une espèce de totemisme sexuel, dit qu'il arrive souvent que les femmes et les hommes d'un même clan se battent, quand l'animal qui sert de totem à un sexe est tué par une personne de l'autre sexe.

tionne, plus elle mêle et confond la femme et l'homme dans le travail social, empêchera le retour des conditions, qui chez les nations sauvages et barbares avaient maintenu la séparation des sexes. La propriété commune fera disparaître l'antagonisme économique de la civilisation.

Mais s'il est possible d'entrevoir la fin de la servitude féminine et de l'antagonisme des sexes et de concevoir pour l'espèce humaine une ère d'incomparable progrès corporel et intellectuel, alors qu'elle sera reproduite par des femmes et des hommes d'une haute culture musculaire et cérébrale, il est impossible de prévoir les rapports sexuels de femmes et d'hommes libres et égaux, qui ne seront pas réunis ou séparés par de sordides intérêts matériels et par la grossière morale qu'ils ont engendrée. Mais si l'on juge d'après le présent et le passé, les hommes, chez qui la passion génésique est plus violente et plus continue que chez les femmes — le même phénomène s'observe chez les mâles et les femelles de toute la série animale — seront obligés de faire la roue et d'exhiber toutes leurs qualités physiques et intellectuelles pour conquérir des amoureuses. La sélection sexuelle, qui, ainsi que l'a démontré Darwin, remplit un rôle important dans le développement des espèces animales, mais qui, sauf de rares exceptions, a cessé de le jouer dans les races indo-européennes depuis environ trois mille ans, redeviendra un des plus énergiques facteurs du perfectionnement humain.

La maternité et l'amour permettront à la femme de reconquérir la position supérieure qu'elle occupait dans les sociétés primitives, dont le souvenir a été conservé par les légendes et les mythes des antiques religions.

La Journée légale de travail réduite à huit heures

I

Le premier congrès de l'Internationale, le Congrès de Genève de 1866, déclara que «la condition première, sans laquelle toute tentative d'amélioration et d'émancipation échouerait, est la limite légale de la journée de travail. Cette limitation s'impose afin de restaurer la santé et l'énergie physique des ouvriers, et de leur assurer la possibilité d'un développement intellectuel, des relations sociales et une action politique. Le Congrès propose que la journée légale de travail soit limitée à huit heures. Cette limite est demandée par les ouvriers des Etats-Unis, et le vote du Congrès l'inscrira sur le programme des classes ouvrières des deux mondes.» Le Congrès régional de Paris et le Congrès national du Havre, fidèles à la tradition de l'Internationale, ont inscrit à la tête de la partie économique de notre programme minimum : -- «Réduction légale de la journée de travail à huit heures pour les adultes.»

L'intervention de l'Etat pour régler la journée de travail est, pour les économistes libertaires, le renversement de tout ordre social. Léon Faucher, un des grands prêtres de l'Eglise économique, écrivait : «Les gouvernements, inspirés par une fausse philanthropie, ont cru pouvoir se poser en régulateurs du travail. Ils ont commencé par limiter celui des enfants... Le gouvernement français, abîmé dans les ténèbres de 1848, a étendu cette limitation aux hommes faits.» L. Faucher fait allusion à la loi de 1848 limitant la journée de travail à douze heures. L'Empire et la troisième République bourgeoise, sa digne remplaçante, se sont étudiés à ne pas l'appliquer.

D'un autre côté, les possibilistes, trouvant la réduction de la journée de travail à huit heures une demande exagérée, de nature à offusquer les patrons électeurs, se sont empressés, avec la complicité du Conseil dit national, d'émasculer cet article si important du programme minimum. A Montmartre, ils demandaient simplement la fixation légale de la journée de travail et supprimaient la limite de huit heures.[1]

1 Cette émasculation des possibilistes fait comprendre le sens de la résolution qu'ils ont fait prendre au Congrès de Reims, où ils dominaient : «Considérant que le programme minimum ne répond qu'imparfaitement aux différentes aspirations des travailleurs ; qu'il a éloigné du Parti ouvrier et du candidat ouvrier plus de travailleurs qu'il n'en a rallié, etc.» La limite légale de 8 heures était pour les possibilistes un de ces articles qui avaient éloigné du candidat ouvrier plus de travailleurs qu'il n'en avait rallié. Si l'Egalité n'avait pas élevé la voix, la manipulation de Montmartre aurait passé sous silence et aurait servi de précédent et d'excuse à Montpellier ou ailleurs aux candidats qui briguent l'appui de l'alliance et des radicaux. Maintenant que nous avons dénoncé la manœuvre possibiliste, nous allons voir s'ils oseront répéter leur émasculation. Je crois que, sans nous vanter, nous pouvons dire que nous avons déjà mis le programme au-dessus de toute manipulation candidatière ; c'est là pour nous l'important : les injures, les calomnies, les expulsions des possibilistes

La Journée légale de travail réduite à huit heures

Nous nous proposons de défendre la réduction légale de la journée de travail à huit heures contre les économistes et les possibilistes.

Les considérants de la résolution du Congrès de Genève cités plus haut sont, dans leur brève concision, assez explicites pour l'importance de la limite légale de huit heures ; cependant ils ne répondent pas à une objection souvent répétée : -- Si vous réduisez la journée de travail, disent les bourgeois, vous réduisez forcément les salaires. -- A cette objection plausible en apparence beaucoup d'ouvriers baissent la tête en signe d'acquiescement. — Cependant rien de plus faux. Je vais le prouver.

Il est aujourd'hui admis, même par les économistes, que la loi tendancielle de la bourgeoisie, c'est-à-dire le but vers lequel elle tend, est de limiter le salaire au minimum des moyens d'existence réclamés par les ouvriers pour vivre et se reproduire. Cette loi, formulée au XVIII° siècle par les physiocrates, est d'une amère réalité ; et, hélas ! on n'est pas encore parvenu à déterminer le minimum auquel l'ouvrier peut réduire ses misérables besoins. Les prolétaires industriels, pour diminuer leurs dépenses, ont remplacé la viande qui était la base de l'alimentation ouvrière avant la révolution bourgeoise de 1789 par le pain en France, dans d'autres pays par les pommes de terre, le maïs etc ; ils ont dit adieu au costume pittoresque et de solide qualité des anciens compagnons, et se sont couverts de guenilles ; ils se sont entassés dans des taudis si dégoûtants qu›un fermier n›y aurait pas parqué ses porcs et que la police dut souvent les détruire, car ils deviennent des foyers de peste.

Dans les districts industriels, des ouvriers ont vécu avec 40 et 50 centimes par jour. Le fameux Reveillon, dont les ouvriers du faubourg Saint-Antoine saccagèrent en 1789 la fabrique de papier peint parce qu'il s'était vanté de faire vivre les ouvriers avec 15 sous par jour, payait cependant les garçons de 12 à 15 ans qu'il employait 8 et 15 sous par jour :[1] l'argent valait alors trois fois ce qu'il vaut aujourd'hui. Ces chiffres prouvent combien la meule de l'exploitation capitaliste a broyé les besoins des ouvriers depuis le siècle dernier.

nous sont légères ; au contraire elles nous amusent, elles témoignent de leur colère et de leur piteuse déconfiture. (Note de P. Lafargue)

1 Exposé justificatif par le sieur Reveillon, etc., 1789. (Note de P. Lafargue)

Paul Lafargue

Les philanthropes, ces jésuites laïques vantent les bienfaits de l'industrie moderne : «l'atelier mécanique, disent-ils avec attendrissement, a donné du travail à la femme, aux enfants ; tous ont pu concourir à augmenter le bien-être de la famille ouvrière.» Le travail de la femme et des enfants n'a concouru qu'à diminuer le salaire des hommes et à engendrer la misère de la famille ouvrière.

Avant le développement de l'industrie mécanique, la femme demeurait avec ses filles auprès du foyer familial, les garçons ne commençaient à travailler qu'à 13 ou 14 ans, quand ils entraient en apprentissage ; le salaire de l'homme devait à lui seul subvenir aux besoins de la famille. Mais dès que, grâce aux machines et à la division du travail, les patrons purent attirer dans l'atelier la femme et les enfants soustraits jusque-là à l'exploitation capitaliste, ils diminuèrent les salaires de l'homme de toute la valeur des salaires que reçoivent la femme et les enfants. Ce fut là un des premiers bienfaits de la philanthropie capitaliste. Non seulement le travail social de la femme et des enfants permit aux patrons de réduire le salaire de l'homme de toute la part qui correspondait à leur entretien, mais il introduisit dans la famille ouvrière une coutume barbare qui n'avait existé dans aucune société précédente : la concurrence entre le père, la mère et les enfants, à qui s'arracherait le pain de la bouche ; la femme et les enfants ont été employés par les patrons pour abaisser à son minimum le salaire des hommes ; parfois même les hommes ont été chassés de l'atelier, et pour vivre ont dû se reposer sur le salaire de la femme et des enfants. Voilà un des couronnements de la belle philanthropie capitaliste.

Mais la machine aux mains des capitalistes a déversé d'autres bienfaits sur la classe ouvrière. Guesde avait raison quand il disait, quoi qu'en ait écrit le docteur doctissime, que partout où la machine apparaît, elle fait loi. Elle vide les campagnes et centralise la population ouvrière autour d'elle ; elle fait surgir de terre ces énormes cités industrielles qui ne datent que de ce siècle. La machine doit avoir sous son commandement immédiat un peuple d'esclaves; elle l'absorbe dans l'atelier quand le travail est à haute pression, et le rejette sur le pavé quand le travail se ralentit.

La raréfaction momentanée du travail crée une surabondance momentanée de la population ouvrière, se traduisant par des chômages périodiques. Mais les perfectionnements de la machine réduisent constamment le nombre des ouvriers employés dans l'atelier, les rejettent dans la rue, et créent une surpopulation ouvrière artificielle caractérisée par Engels du nom d'armée de réserve du capital, qui n'est absorbée dans l'atelier que dans des cas extrêmes.

Cette armée de réserve du capital est l'arme terrible du capitaliste pour abaisser les salaires à leur minimum et prolonger la journée de travail à son maximum.

Par conséquent, le grand intérêt de la classe ouvrière, tant que la société capitaliste sera debout, est de réduire autant que possible cette armée de réserve du capital et pour cela il n'y a que deux moyens : l'émigration et la limitation légale de la journée de travail. L'émigration, qui est un moyen si puissant en Angleterre, doit être mise de côté, les Français n'émigrant que forcés. Reste donc la limitation légale.

Alors arrive la bourde économiste : si l'ouvrier travaille moins, il devra être moins payé. Au contraire, moins l'ouvrier travaillera et plus il sera payé. Faut-il un exemple concluant ? Y a-t-il en Europe un ouvrier qui soit mieux payé que l'ouvrier anglais ? -- Pourquoi ? Parce qu'il est l'ouvrier d'Europe qui travaille le moins. La journée légale de travail est de dix heures, en Angleterre ; les Trade's Unions l'ont réduite à 9 heures et à 5 heures le samedi ; donc, l'ouvrier anglais ne travaille que 50 heures par semaine, ou 8 heures 20 par jour. Si demain, en France, l'article de notre programme minimum devenait loi, si la journée était de 8 heures, il faudrait 3 ouvriers pour faire 24 heures de travail, tandis qu'aujourd'hui il ne faut que 2 ouvriers travaillant 12 heures : donc, toute l'armée de réserve du capital serait absorbée dans l'atelier. Les ouvriers qui travaillent, n'ayant pas à craindre la concurrence des ouvriers qui chôment, pourraient non seulement maintenir leurs salaires, mais demander une augmentation.

Mais, disent les patrons, vous ruinerez l'industrie française, si vous diminuez la journée de travail et augmentez les salaires. Dans la prochaine Egalité nous répondrons à cette objection.

II

La deuxième objection des bourgeois contre la réduction légale de la journée de travail à huit heures est : si vous réduisez le travail à huit heures par jour, et si vous maintenez ou élevez le taux des salaires vous ruinerez l'industrie française. Ainsi que la première objection, -- si on diminue les heures du travail on doit forcément diminuer le salaire, -- cette deuxième objection est considérée irréfutable ; et néanmoins elle est tout aussi fausse que la première. -- Le contraire est le vrai : moins les ouvriers travailleront, plus ils seront payés et plus l'industrie française sera prospère. -- De toutes les lois de l'industrie capitaliste, celle-ci est une des plus faciles à établir.

Si, pour porter une industrie nationale à son plus haut point de développement, il ne fallait que de faibles salaires et de fortes journées de travail, l'industrie française devrait être une des premières du monde ; elle ne devrait craindre aucune concurrence ; au lieu de réclamer des tarifs douaniers pour protéger ses produits, elle devrait comme l'industrie anglaise demander le libre échange. L'industrie française est maintenue dans son état d'infériorité, parce que l'ouvrier français travaille trop et à trop bon marché, parce qu'en France il y a des ouvriers qui osent s'honorer de travailler 12 et 16 heures par jour. Un ouvrier tailleur de Londres me disait que les grands tailleurs du West-End préféraient de beaucoup les ouvriers français, parce que, tandis que l'ouvrier anglais ne fait que 3 points, le français en fait 4 dans le même temps.

Par contre, l'Angleterre et les Etats-Unis sont les premiers pays industriels du monde ; parce qu'aux Etats-Unis, sauf dans les moments de crise générale, il y a toujours disette de bras, ce qui maintient les salaires à un taux élevé ; parce qu'en Angleterre, les Trade's Unions et l'action légale ont réduit la journée de travail et élevé les salaires.

Une des grandes lois de la production capitaliste est la production à bon marché. Les machines ne sont pas introduites dans l'industrie moderne, ainsi que le prétendent les jésuites de la philanthropie, pour soulager le lourd labeur de l'homme, mais pour produire vite, beaucoup et à bon marché et pour réduire le prix de la main-d'œuvre. Mais si la main-d'œuvre est si abondante et à un prix si bas que le capitaliste peut, en la surmenant de travail, produire à aussi bon compte qu'avec des machines, il n'hésite jamais ; car les machines exigent une avance de capital, elles s'usent et se démodent ; tandis que le capitaliste ne débourse pas un sou pour se procurer cent ou deux cents ouvriers, il n'a qu'à ouvrir les portes de ses ateliers ; et s'il les tue de travail quel mal cela fait-il à sa poche ? La poche est l'endroit où le capitaliste met tout son cœur et toute son intelligence. Les capitalistes français se sont trouvés dans cette situation ; la main-d'œuvre en France était si abondante et à si vil prix, qu'il leur était plus profitable de la surmener de travail que d'introduire des machines pour le remplacer. Ce fait est constaté par des écrivains bourgeois.

M. Dollfus, le fameux patriote alsacien, que personne n'accusera d'utopisme puisqu'il a amassé des millions en infligeant des travaux de galériens à ses chers compatriotes de l'Alsace, remarquait que les métiers renvideurs qui permettent à 3 ouvriers d'en remplacer 7 ou 8, étaient employés dans toutes les filatures des districts cotonniers de l'Angleterre dès 1834, tandis qu'en France, c'est à peine si en 1853 on commençait à les introduire. Il ajoutait : «la main-d'œuvre étant à meilleur marché en France qu'en Angleterre, nous n'avons pas les mêmes avantages que les Anglais à employer les nouveaux métiers.» -- Pour la même raison, la peigneuse mécanique, bien qu'inventée en France par Heilman en 1848 «était d'un usage courant dans le Yorkshire et le Lancashire, tandis qu'on n'en était qu'aux essais en Alsace en 1853.[1]»

Pour donner une preuve de la philanthropie capitaliste, nous rappellerons que le peignage à la main était une des opérations les plus pénibles et les plus malsaines de la filature. Afin d'illustrer son affirmation, Dollfus donnait le tableau suivant :

SALAIRES COMPARATIFS A MANCHESTER ET A MULHOUSE

L'ouvrier de Manchester travaillait cinquante-cinq heures par semaine et celui de Mulhouse quatre-vingt-quatre heures.[2] Dans

1 Louis Reybaud, Etude sur le régime des manufactures de coton. (Note de P. Lafargue)

2 Jean Dollfus, Plus de prohibitions sur les filés de coton, 1853. Dans ce travail, intéressant par les faits et chiffres qu'il contient, Dollfus ne songe nullement aux ouvriers, mais à son intérêt personnel immédiat. Il était libre-échangiste, et pour une excellente raison ; bien que filateur, ses ateliers de tissage avaient besoin de certains filés alors prohibés. Quand on scrute les mobiles des actions bourgeoises, on trouve au-dessous de la couche épaisse de l'humanitarisme, patriotisme, libertairisme, etc.,

Paul Lafargue

son étude sur le Système prohibitif en France,[1] Michel Chevalier raconte qu'un industriel des Vosges, de ce pays qui a donné au monde ces deux plus grands types du républicanisme bourgeois, Ferry et Grévy, -- si bien faits pour s'entendre, -- vint à Mulhouse acheter des métiers à tisser. En fouillant dans les greniers des ateliers de Dollfus, il découvrit de vieux métiers relégués là depuis 1810 ; on avait oublié de les brûler. Il en demanda le prix ; on les lui vendait comme du vieux bois. La joie du Vosgien était à son comble. Dollfus lui fit remarquer que ces métiers étaient démodés et qu'il serait plus économique d'en acheter d'un modèle plus récent. -- «Ne vous occupez pas de mes profits. Je gagnerai de l'argent avec ces vieux métiers ; j'en gagnerai d'autant plus que vous me les aurez vendus comme vieux bois et vieux fer.» -- L'Harpagon-Grévy des Vosges calculait qu'il compenserait les imperfections de l'outillage qu'il achetait à vil prix par les journées de travail qu'il achèterait dans les Vosges à un prix plus vil encore. En effet, si le faible salaire des ouvriers de Mulhouse permettait aux industriels alsaciens de ne pas mettre leur outillage au niveau des derniers progrès de la mécanique, le salaire des Vosges, plus faible encore, permettait aux Grévy et aux Ferry du pays de se servir d'instruments démodés et jetés au rebut à Mulhouse. Car, dit Reybaud, «des calculs très exacts montrent que les salaires français dans la Normandie et la Flandre sont de 12 et 15 %, dans l'Alsace de 20 %, dans les Vosges de 30 % au-dessous des salaires anglais... C'est, en général, sur les conditions de la main-d'œuvre que se règle la révolution dans les

---

dont les bourgeois l'enveloppent, le tout-puissant intérêt personnel, le seul moteur auquel ils obéissent, même lorsqu'ils font de la science prétendue impartiale. La critique de Dollfus, bien que dirigée par ce mobile personnel, n'en est pas moins concluante. Voici un autre passage qui va à l'appui de la thèse que je soutiens, bien que Dollfus n'y envisage la question qu'au point de vue libre-échangiste : «L'absence de concurrence étrangère, en permettant à un chef d'établissement de continuer à faire des bénéfices avec de vieilles machines... bien qu'il sache parfaitement que la dépense d'un outillage serait récupérée en peu d'années, contribue à maintenir l'industrie dans l'ancienne ornière. Le fait se produit dans des établissements qui ont de grands capitaux à leur disposition.» Dans mon article, le lecteur verra que l'avilissement de la main-d'œuvre française a eu pour le progrès de l'industrie française le même effet que l'absence de concurrence étrangère dont Dollfus se plaint. (Note de P. Lafargue)

1 Revue des Deux Mondes, 1er décembre 1856. (Note de P. Lafargue)

La Journée légale de travail réduite à huit heures

méthodes du travail. Tant que la main-d'œuvre fournit ses services à bas prix, on la prodigue ; on cherche à l'épargner, quand ses services deviennent plus coûteux.»

De l'aveu même des industriels et des économistes bourgeois pour développer l'outillage industriel, pour accroître les forces mécaniques de la production industrielle, il faut relever la valeur de la main-d'œuvre, il faut porter les salaires à leur maximum.

Mais une autre preuve à l'appui de notre thèse, bien plus convaincante encore, nous est fournie par le développement merveilleux de la mécanique agricole dans les Etats-Unis d'Amérique. Dans l'espace de quelques années, toute la mécanique agricole y a été révolutionnée ; des instruments, bien qu'inventés en Ecosse, ce berceau de l'agriculture scientifique moderne, tels que la moissonneuse, qui n'avaient pu trouver qu'une application restreinte en Europe, sont utilisés sur toutes les fermes américaines ; un nombre considérable d'instruments presque inconnus à l'Europe (charrues doubles armées de disques tranchants, bêches rotatives, charrues à drains, semoirs et sarcleuses à cheval, etc., etc.) se trouvent même sur les plus petites fermes. -- Ce qui a forcé les Américains à imprimer ce développement gigantesque à la mécanique agricole, c'est que, pour cultiver les immenses plaines de l'Ouest, les bras manquaient et étaient hors de prix ; et puis l'ouvrier américain refuse de travailler comme un bœuf ou comme un paysan européen.

Ainsi donc, pour développer l'outillage industriel d'un pays, un des moyens les plus efficaces est d'élever la valeur de la main-d'œuvre ; pour augmenter la valeur de la main-d'œuvre, c'est-à-dire pour hausser les salaires, ainsi que nous l'avons démontré dans la dernière Egalité, il faut diminuer l'armée de réserve du capital, il faut raréfier la main-d'œuvre soit par l'émigration dont heureusement ne veulent pas les Français, soit par la réduction légale de la journée de travail à huit heures.

Nous avons jusqu'ici démontré, et nous croyons avec des faits concluants, que la réduction légale de la journée de travail bénéficierait à l'ouvrier et à l'industrie nationale ; ces deux raisons ne seraient pas suffisantes pour la rendre acceptable ; dans la prochaine Egalité, nous démontrerons qu'elle tournerait

Paul Lafargue

au bénéfice de la bourgeoisie capitaliste ; et c'est seulement parce quelle serait profitable aux patrons que nous la croyons réalisable dans un milieu capitaliste. Avec la République française, nous croyons que, tant que la société capitaliste ne sera pas brisée par le prolétariat révolutionnaire, «on ne pourra accomplir que les réformes acceptées par les classes riches», c'est-à-dire les réformes qui tourneront à leur avantage.

III

Dans les deux précédents numéros de l'Egalité on a démontré les heureux effets qu'aurait la journée de travail de huit heures sur les salaires des ouvriers et le développement de l'industrie nationale. Bien que les bourgeois jurent, par toutes leurs vertus et tous leurs vices, ne vouloir que le bien de leurs ouvriers et la prospérité industrielle de la patrie, ces considérations seraient absolument insuffisantes pour déterminer la classe capitaliste qui détient le pouvoir politique à accorder la journée légale de huit heures. -- Dans toute société capitaliste les individus se considèrent autonomes; ils ne reconnaissent qu'une loi, celle de leur intérêt personnel immédiat ; et, pour satisfaire cet intérêt personnel immédiat, ils sacrifient avec enthousiasme non seulement l'intérêt général, mais encore leur propre intérêt dans l'avenir. -- Les bourgeois industriels, par exemple, sont tellement aveuglés par l'intérêt personnel immédiat que, pour accroître leurs profits de quelques sous, ils infligent à la classe ouvrière des travaux accablants qui l'épuisent et qui menacent de tarir la source même des richesses capitalistes, la force ouvrière.

Lorsque l'industrie mécanique s'introduisit en France et en Angleterre, il y eut une débauche de surtravail. Ce qui ne s'était jamais vu dans aucune société précédente, les enfants de dix, huit, de même six ans, ont été emprisonnés dans l'atelier, et, dans cet enfer, ils ont été condamnés à des travaux longs, douloureux, pendant des journées de quatorze et seize heures : dans les fabriques de France et d'Angleterre, «le fouet était un instrument de production», il servait à réveiller l'attention des malheureux enfants vaincus par le sommeil et la fatigue ; dans certaines fabriques d'Angleterre, on les ragaillardissait en les plongeant dans des baquets d'eau froide. Ainsi se manifestait l'adoucissement des mœurs produit par la charité chrétienne et la philanthropie philosophique.

La Journée légale de travail réduite à huit heures

Pour avoir des esclaves sains et vigoureux, les esclavagistes de l'antique Rome et de la moderne Amérique ne transformaient pas les enfants esclaves en instruments de production; ils les laissaient se développer librement jusqu'à l'âge de quatorze et quinze ans; mais dans la société capitaliste, issue de la Révolution où l'on avait proclamé les fastueux Droits de l'homme, les enfants, soumis à un travail excessif dès l'âge le plus tendre, mourraient par milliers, ou ne parvenaient à l'âge adulte que malingres et incapables d'un travail soutenu et profitable : ils ne donnaient pas aux employeurs tous les profits qu'ils étaient en droit d'espérer. L'exploitation sans pitié et sans intelligence des enfants épuisait la population ouvrière des districts industriels, et menaçait de tarir la source des profits capitalistes.

Les plus intelligents d'entre les industriels conscients des dangers que courait l'exploitation capitaliste, voulurent apporter des palliatifs au mal et des tempéraments à cette exploitation effrénée de l'enfance. Ils se heurtèrent contre l'égoïsme bestial des patrons, qui, ne voyant que le profit immédiat, sacrifiaient d'un cœur léger l'avenir de l'exploitation patronale et, comme Néron, déclaraient: «Après nous la fin du monde.» Les industriels de Mulhouse, cela doit être dit à leur honneur, et c'est là le seul honneur qu'ils méritent, ont été les exploiteurs les plus intelligents de France. Ils firent de louables efforts pour obtenir une réduction volontaire du travail des enfants dans les manufactures de l'Alsace ; mais il leur fut impossible de faire comprendre à leurs confrères leurs propres intérêts. Pour obtenir la réduction du travail des enfants, il fallut recourir à l'action légale.

De tous les domestiques littéraires que classe régnante ait jamais entretenus, les économistes ont été sans contredit les plus serviles, ceux qui ont su le plus habilement falsifier les faits pour les mettre d'accord avec les intérêts et les préjugés de la classe qui les soudoyait : si aujourd'hui on trouve des économistes foulant aux pieds les dogmes de l'Eglise économique, et demandant l'intervention de l'Etat pour réglementer le travail dans les fabriques, cela prouve que l'industrie mécanique est arrivée à une période de développement où il est de l'intérêt même des bourgeois industriels de limiter la journée de travail, bien que cette limitation légale aille à l'encontre de l'égoïsme stupide de l'immense majorité patronale.

Paul Lafargue

En 1844, lorsqu'on discutait dans le Parlement anglais la loi limitant le travail dans les fabriques à dix heures par jour, lord Ashley disait : «Le système mécanique a, sans aucun doute, accompli une œuvre qui demanderait les tendons et les muscles de plusieurs millions d'hommes, mais il a aussi prodigieusement augmenté le travail de ceux qui sont soumis à son terrible mouvement. -- Le travail qui consiste à suivre une paire de mules aller et retour pendant douze heures, pour filer des filés numéro 40, exigeait en 1815 un parcours de 12 kilomètres 872 mètres ; en 1832, la distance à parcourir était de 32 kilomètres 180 mètres... En estimant les fatigues d'une journée de travail, il faut encore prendre en considération la nécessité de retourner quatre ou cinq mille fois le corps dans une direction opposée, aussi bien que les efforts continuels d'inclinaison et d'érection.» Voilà comment la machine a soulagé le lourd labeur de l'ouvrier. -- Les mules que l'ouvrier doit suivre, avancent et reculent alternativement. Le rattacheur doit saisir le moment où le chariot est proche du porte-système pour rattacher les filés cassés, ou casser les filés mal venus. Les calculs cités par lord Ashley avaient été établis par un mathématicien qu'il avait envoyé à Manchester dans ce but. -- C'était pour diminuer ce travail surhumain dans une atmosphère surchauffée et empestée, que l'on demandait la limitation de la journée de travail à dix heures.

Réduire la journée de travail à dix heures, c'était vouloir la ruine de l'industrie, déclaraient en chœur les industriels anglais. Devançant le sénateur républicain M. Claude, ils proclamaient comme une vérité irréfutable que «du nombre des heures de travail dépendait la quantité des produits».

Cette assertion fut réfutée par les faits. M. Gardner fit travailler dans ses deux grandes fabriques de Preston, à partir du 20 avril 1844, onze heures au lieu de douze par jour. L'expérience d'un an environ démontra que la même quantité de produits était obtenue aux mêmes frais et qu'en onze heures les ouvriers qui travaillaient aux pièces ne gagnaient pas un salaire moindre qu'auparavant en douze heures. Si en onze heures il fut produit autant qu'auparavant en douze, cela était dû exclusivement à l'activité plus soutenue et plus uniforme des ouvriers. L'élément moral joua un grand rôle dans ces expériences. «Nous travaillons avec plus d'entrain, dirent les ouvriers à l'inspecteur des fabriques, nous avons devant nous la perspective de partir de meilleure heure et une joyeuse ardeur au travail anime la fabrique depuis le plus jeune jusqu'au plus vieux, de sorte que nous pouvons nous aider considérablement les uns les autres.» Tandis que les ouvriers gagnaient une heure de liberté sans pour cela voir leur salaire diminuer, le capitaliste obtenait la même masse de produits et une économie d'une heure sur sa consommation de gaz et de charbon. Des expériences semblables furent faites avec le même succès dans la fabrique de MM. Herrock et Jackson.[1]

En France des expériences pareilles ont été faites. Lors de l'enquête sur l'enseignement professionnel, un des grands industriels de l'Alsace, M.Bourcart, déclara que «la journée de douze heures était excessive et devrait être ramenée à onze». «Il serait utile, disait-il, que l'on réduisit les heures de travail et surtout que l'on ne travaillât pas le samedi après midi. Je puis conseiller l'adoption de cette mesure quoiqu'elle paraisse onéreuse à première vue : nous l'avons expérimentée dans nos établissements industriels où, depuis quatre ans, les ouvriers ne travaillent plus toute l'après-midi du samedi et nous nous en trouvons bien. Nos ouvriers gagnent aujourd'hui autant qu'il y a quatre ans, et la production moyenne des établissements loin d'avoir diminué, a au contraire augmenté.[2]»

Dans son livre sur les Machines, F. Passy cite l'opinion caractéristique d'un grand industriel de Gand, M. Ottevaere : «Mes machines, quoiqu›à peu près les mêmes que celles des filatures anglaises, ne produisent pas ce qu›elles devraient produire et ce que produisent ces mêmes machines en Angleterre, quoique les filateurs y travaillent deux heures de moins par jour. Cette

---

1 Rapport des inspecteurs des fabriques, 1845. ? Les faits cités plus haut sont extraits du Capital de Marx (pp. 177-181) auquel nous renvoyons le lecteur pour de plus amples détails sur l'intensification du travail. (Note de P. Lafargue)

2 Cité par Paul Leroy-Beaulieu dans le Travail des femmes au XIX° siècle, 1873. Dans cet ouvrage, cet économiste dit : «Le perfectionnement continu des machines n'appelle-t-il pas impérieusement une diminution de la journée de travail ? Toutes les améliorations dans le tissage ont pour effet de donner une vitesse plus grande : le métier qui autrefois ne battait que 120 à la minute est arrivé à 180, 200 et 240. Est-il possible qu'une jeune fille surveille pendant douze heures une marche aussi précipitée ?» (Note de P. Lafargue)

Paul Lafargue

différence, je l'attribue à la longueur de la journée de travail... Nous travaillons deux grandes heures de trop... Si l'on ne travaillait que onze heures, nous aurions la même production et produirions, par conséquent, plus économiquement... D'un côté, on produirait dans toute la perfection possible et économiquement, et, de l'autre, on aurait des ouvriers plus intelligents et moins épuisés.»

Ainsi donc, le travail de l'homme devient plus intense à mesure que la machine perfectionne ses mouvements ; l'accroissement de rapidité des mouvements de la machine, en tendant à leur extrême limite les ressorts de la machine humaine, empêche l'ouvrier de surveiller efficacement longtemps le travail de la machine de fer, qui alors ne donne pas tout son travail utile. -- Donc, le développement de la machine impose la diminution du travail de l'ouvrier, dans l'intérêt des patrons eux-mêmes.

On peut même dire que la loi de dix heures a été en Angleterre plus profitable aux patrons qu'aux ouvriers anglais. Pour ne citer qu'une branche de l'industrie, on constate que le nombre de fabriques anglaises de coton, qui ne s'était accru que de 22 % de 1838 à 1860, s'est au contraire accru de 86 % de 1850 à 1856. La loi de 1847, qui limitait le travail des fabriques à dix heures, a donc eu une heureuse influence sur la prospérité industrielle et l'enrichissement des patrons de l'Angleterre.

Il n'en a as été ainsi pour les ouvriers. Le travail dans les fabriques s'est encore intensifié. «Les broches des métiers continus faisaient 500 révolutions, celles des mules 1000 de plus par minute en 1862 qu'en 1839.» Le 27 avril 1803, M. Ferraud, dans la Chambre des communes, disait : «Tandis qu'autrefois une seule personne avec deux aides faisait marcher deux métiers, elle en fait marcher trois sans aucun aide, et il n'est pas rare qu'une seule personne suffise pour quatre. Il résulte des faits qui me sont communiqués que douze heures de travail sont maintenant condensées en moins de dix heures. Il est donc facile de comprendre dans quelle énorme proportion le labeur des ouvriers des fabriques s'est accru depuis les dernières années.»

Cette intensification de travail, depuis la loi de dix heures de 1847, exige donc une nouvelle diminution de la journée de travail ; les Trade's Unions ont déjà réduit la journée de travail à neuf heures ;

en 1867, à la suite du Congrès de Genève, où il fut décidé que la journée légale de travail devait être de huit heures, les ouvriers du Lancashire commencèrent une agitation pour faire passer dans la loi le vœu du Congrès international.

Nous avons démontré avec des faits officiellement constatés en Angleterre et en France que la réduction légale de la journée de travail bénéficierait aux ouvriers et à l'industrie nationale et concourrait à l'enrichissement des patrons.

Malgré les avantages qu'elle apporterait aux patrons, les ouvriers ne doivent pas espérer l'obtenir; car le pouvoir politique est entre les mains de la classe la plus égoïste, la plus bornée qui ait jamais gouverné la France. Dans l'histoire de la classe aristocratique on trouve de nombreux exemples de seigneurs affranchissant volontairement leurs serfs et octroyant aux villes des chartes de franchises ; voici près de cent ans que la bourgeoisie a renversé l'aristocratie, et c'est à peine si l'on peut citer les noms de dix industriels qui aient diminué volontairement le travail de leurs ouvriers. Au Sénat, de grands industriels, tels que MM. Feray, Claude, viennent de faire rejeter à la grande joie de la France patronale une loi limitant à onze heures le travail des femmes et des enfants, parce que, disent-ils, «du nombre des heures de travail dépendait la quantité de produits.»

Si en Angleterre la loi de 1847, réduisant le travail dans les fabriques à dix heures, a été votée, l'honneur en revient à l'aristocratie foncière, qui, par haine des industriels, des Cobden et des Bright, de l'Anticorn league, mit toute son influence parlementaire au service de la classe ouvrière. Mais en France la classe ouvrière ne peut et ne doit compter que sur elle seule. Ce n'est que lorsque le parti ouvrier, puissamment organisé et rejetant toutes les chinoiseries intransigeantes sur le Sénat, la présidence, etc., créera une vaste agitation ouvrière dans toute la France, que les parlements bourgeois feront quelques concessions à la classe ouvrière.

Paul Lafargue

Paru en feuilleton dans L'Egalité, 26 février, 5 mars et 12 mars 1882.

Paul Lafargue

Le sentimentalisme bourgeois
L'Egalité, 25 décembre 1881

Les bourgeois ont pour les bêtes des tendresses d'ange ; ils se sentent plus proches parents des bêtes que des ouvriers. En Angleterre, ce pays officiel de l'hypocrisie, foisonnent des sociétés pour protéger les chiens, les chats, les moineaux, etc. Toutes ces sociétés sont des spéculations : un certain nombre de membres influents (présidents, secrétaires, agents, inspecteurs, etc.) sont entretenus et grassement sur les fonds destinés aux bêtes : ils considèrent qu'ils ont toutes les qualités requises pour mériter les sollicitudes des amis des animaux.

De toutes ces sociétés, la plus tracassière, la plus hypocrite, la plus nauséabonde est la société contre la vivisection. Cette société s'est introduite en Allemagne, où elle a trouvé force âmes animales pour sympathiser avec les douleurs de leurs semblables à quatre pattes. Elle essaie de se glisser en France ; elle est en train de conquérir les radicaux, jaloux de démontrer qu'ils ont des sentiments délicats à revendre.

Un chroniqueur radical. M. Aurélien Scholl, s'est déclaré le champion des anti-vivisecteurs ; et le journal du chef du radicalisme, la Justice, reproduit ses chroniques destinées à donner des attaques de nerfs aux bourgeoises hystériques.

La société des animaux anti-vivisecteurs d'Angleterre a tant cabalé, qu'elle a obtenu du Parlement une loi interdisant les expériences physiologiques sur des animaux vivants sans une permission de la police. Voilà comment les bourgeois traitent leurs hommes illustres ; ils les dégradent au point de les mettre sous le contrôle des argousins de la police, jusque dans leur laboratoire. -- Mais cette société qui a si bien réussi à paralyser les travaux des physiologistes anglais n'entend pas intervenir pour troubler les plaisirs des riches. Le pigeon shooting (le tir au pigeon) où l'on blesse et mutile des milliers de pigeons apprivoisés, pour l'amusement de quelques aristocrates imbéciles, est hautement approuvé par la société anti-vivisectrice ; plusieurs de ses membres influents sont de grands tireurs de pigeons. – Ce sentimentalisme est tellement turbulent qu'au congrès médical international tenu à Londres au mois d'août dernier, Virchow et John Simon ont cru devoir protester au nom de la science allemande et anglaise.

John Simon est un des inspecteurs officiels des fabriques anglaises. Il a vu et étudié les tortures auxquelles les tendres bourgeois soumettent dans les bagnes capitalistes les enfants, les femmes et les hommes du prolétariat pour leur voler les fruits de leur travail. Il les a dénoncés avec un courage que ne connaîtront jamais les radicaux. Dans son discours au congrès, il établit qu'il existe deux espèces d'expériences : les unes pratiquées par des physiologistes sur quelques animaux ; les autres pratiquées sur des milliers d'hommes par des spéculateurs. Par manière d'exemple, il cite les expériences classiques du professeur Tiersch sur une souris pour découvrir le mode de propagation du choléra asiatique et «les expériences populaires bien connues qui pendant les deux épidémies cholériques de 1848-49 et de 1853-54 étaient pratiquées sur un demi-million d'êtres humains des districts sud de Londres, par certaine compagnie commerciale qui pourvoyait ces quartiers avec de l'eau corrompue». En ce moment on fait des expériences sur la transmission de la tuberculose, afin de savoir si le lait des vaches phtisiques ne communique pas la phtisie : le physiologiste sacrifie à ses expériences quelques lapins et chiens ; le fermier qui vend le lait de ses vaches malades sacrifie des milliers d'hommes.

Il y a deux ans de cela, un fabricant de poudre de riz de Londres, M. King, falsifiait sa marchandise avec des poussières argileuses et arsenicales : des bébés dont la peau délicate et gercée avait été saupoudrée de sa drogue, moururent empoisonnés par absorption cutanée des matières arsenicales. L'empoisonnement fut constaté par des autopsies et analyses chimiques, l'arsenic fut trouvé dans les paquets cachetés mis en vente chez les épiciers et les pharmaciens ; King fut traîné devant les tribunaux. Il se trouva douze jurés bourgeois pour l'acquitter. – Il y a quelques semaines, le savant physiologiste anglais Ferrier, bien connu du monde savant d'Europe et d'Amérique pour ses recherches sur la localisation des fonctions cérébrales, était traîné en police correctionnelle ; il avait négligé de prendre une permission de la police. Le savant fut condamné à l'amende.

Voilà où aboutit l'hypocrite sentimentalité bourgeoise. M. Bright le radical, fut un de ceux qui s'opposa le plus énergiquement au vote de la loi qui limitait le travail des femmes et des enfants à dix heures par jour ; et M. Bright, homme pieux, va tous les dimanches lire la Bible avec ses ouvrières qu'il torture et qu'il vole dans sa fabrique, pendant six jours de la semaine : s'il les tue de travail sur la terre, il leur fait gagner le paradis dans le ciel. – Un empoisonneur d'enfants est acquitté. – Un savant est condamné. King, le fabricant de poudre de riz arseniquée, falsifiait ses produits pour augmenter ses profits, c'est-à-dire ses vols ; et c'est là son excuse aux yeux de la loi bourgeoise, promulguée et mise en vigueur pour protéger les voleurs. Ferrier, le savant physiologiste est condamné pour avoir expérimenté sur des singes et n'avoir donné pour but à ses expériences que la connaissance scientifique, sans aucune idée de lucre, et c'est là son crime aux yeux de la loi bourgeoise. Pour faire des profits, c'est-à-dire pour voler, il est permis aux bourgeois de torturer des êtres humains dans les bagnes capitalistes et de les empoisonner avec des produits falsifiés. La fin sanctifie les moyens.

Le sentimentalisme bourgeois

ISBN : 978-1519129321

ISBN : 978-1519129321